JN105044

手書きでも　デジタルでも

まとめ・発表カンペキBOOK ⑤

プレゼンテーションで伝えよう

 監修　鎌田和宏
（帝京大学教育学部初等教育学科教授）

はじめに

　学校などの学習の場では必ずある「まとめ」と「発表」。「調べたことをまとめるのが好き」「発表は得意だよ」という人はよいのですが、「どうやってまとめたら、よいのだろう?」「発表? うまくできるか緊張しちゃうなぁ……」という人も多いはずです。

　でも、まとめることや発表することには、大切な役割があります。調べたり考えたりしたことは、作品にどうまとめて、発表しようか考えることによって、十分に調べられたのか、考えられたのかがわかります。「まとめ」や「発表」は自分の学習をふり返る、とても大切な作業なのです。

　そして、まとめたり発表したりすることによって、それを見た人・聞いた人が、質問や感想をくれるでしょう。それは新たな学びのきっかけになります。

　また、まとめ方と発表の仕方にはコツがあります。まとめ方や発表のコツを知れば、楽しく、上手にできるようになりますよ。

　みなさんの中には、資料を見せながら話をした経験がある人も多いのではないでしょうか? そのように資料を示しながら話すことをプレゼンテーションといいます。現代はプレゼンテーションの時代です。学校でもプレゼンテーションを行う機会が増えています。多くの人にわかりやすく伝えて、納得してもらえるプレゼンテーションをするには、どうしたらよいのでしょうか。

　この本でプレゼンテーションについて学び、行ってみましょう。その体験が、あなたに新たな学びをもたらしてくれるはずです。

帝京大学教育学部初等教育学科教授　鎌田 和宏

この本に登場するキャラクターたち

> ハナとジュンがまとめ方や発表の仕方にまよったとき、ツタワリンゴがポイントを教えてくれるよ。

ツタワリンゴ

読む人、聞く人にばっちり伝わるまとめ方や発表の仕方を教えてくれる、ふしぎなリンゴ。

小林ハナ

小学4年生。思いついたら、すぐ行動!　細かいことはちょっと苦手……。

小林ジュン

小学5年生。読書や絵をかくのが好き。でも、人前に出るのは苦手……。ハナの兄。

x

もくじ

資料を使って プレゼンテーションで伝えよう

自分の意見や調べてわかったことなどを、大勢の人に口頭でわかりやすく伝えたいときには、プレゼンテーションに挑戦してみましょう。

住んでいる町をもっと住みやすくするための方法をグループで考えて、クラスのみんなに伝えることにしたんだ。どうしたら、うまく伝わるかな。

どうしてその方法を考えたかを、わかるように発表したら、いいんじゃない？

そういうときは、資料を見せながら発表するといいリンゴ！プレゼンテーションって、知っているかな？

✏️ プレゼンテーションのことを知ろう

みんなに資料を見せながら、調べたことや意見を発表することをプレゼンテーションといいます。資料を使うので、よりわかりやすく伝えることができます。

プレゼンテーションで大切なことって何？

相手に伝わりやすい原稿にする

大切なのは話す内容です。聞き手に伝わりやすいように、例や体験談を交じえながら原稿をつくります。

話すときの声や身ぶりも大切

話の内容は同じでも、話し方をくふうすると、聞き手が受ける印象を変えることができます。

資料を活用してわかりやすく伝える

言葉だけでは伝えにくいことも、図やグラフ、写真などといっしょに説明すると、わかりやすくなります。

2

住みやすい町づくりのアイデアを みんなで プレゼンテーションしよう

ジュンは、住みよい町にするためのアイデアをグループで考えて、プレゼンテーションすることになりました。どのようにやるのか、見てみましょう。

プレゼンテーションをしてみよう！

プレゼンテーションは、自分の考えや学校の授業で調べてわかったことなどを、クラスのみんなや地域の人にわかりやすく説明したいときに便利です。

こんなふうに進めてみよう！

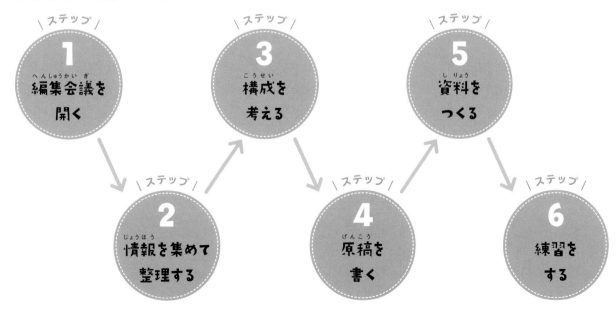

ステップ
1
編集会議を
開く

ステップ
2
情報を集めて
整理する

ステップ
3
構成を
考える

ステップ
4
原稿を
書く

ステップ
5
資料を
つくる

ステップ
6
練習を
する

編集会議を開こう

まずは、いっしょにプレゼンテーションするメンバーと、どのようなテーマで調べて発表するかを話し合いましょう。このような話し合いを編集会議といいます。

テーマは何にする?

みんなで、自分たちが住む町にはどんな課題があるかを挙げてみましょう。挙がった課題の中で共通しているものや、とくに重要だと思うものを考えて、プレゼンテーションのテーマにしましょう。

何をどうやって調べる?

住みやすい町づくりのプレゼンテーションをするために、何をどうやって調べればよいかを話し合って、それぞれの担当を決めましょう。

だれに伝える?

自分たちの意見をだれに伝えたいかを決め、その相手にわかるように、説明の内容や資料を考えましょう。

また、プレゼンテーションをする時間も確認しておきます。

町の人たちが、ふれあえる場所があるといいと思う。

公園を、みんなが集まれる場所にしたらどうかな。

テーマは、「公園をふれあいの場所にしよう」だね!

ジュンたちがつくった編集会議メモ

みんなで決めたことは、メモしておこう。

1巻の終わりにある編集会議メモのひながたを、先生にコピーしてもらって使いましょう。この本の45ページにあるURLからは、パソコンやタブレットで使えるPDFデータのダウンロードもできます。

編集会議メモ

5 年 1 組	小林ジュン・田山はるか・三村エマ

テーマ	公園をふれあいの場所にしよう

調べること・記事の内容	調べる方法	担当
・公園は、どのように利用されているのか	公園に行って、見てみる	全員
	インタビュー アンケート	田山・三村
・ほかの町の公園では、どんな取り組みが行われているのか	インターネット	小林

伝える相手	クラスのみんな

ステップ **2** 情報を集めて整理しよう

テーマに合わせて、今の公園の様子や、どうすればもっと利用しやすくなるか
をくわしく調べてみましょう。わかったことはカードを使って整理しましょう。

実際に行って調べる

公園に行って、利用のされ方や課題を自分たちの目で確かめてみましょう。写真や動画にとっておくと、資料づくりに役立ちます。

本やインターネットで調べる

ほかの地域で行われた、公園をよくするための取り組みなどを調べることができます。

インタビューをする

公園を利用している人たちにインタビューをすると、公園がどのように使われているかなどを知ることができます。

アンケートをとる

町の人々にお願いしてアンケートをとると、どんな公園なら使いやすいかなど、たくさんの人の意見を聞くことができます。

気をつけて！失敗あるある

公園にいた人に、いきなり「公園のことをどう思いますか？」って話しかけたら、びっくりされてしまった……。
インタビューをするときは、最初に自分の名前や学校名、インタビューの目的などを説明するようにしなくちゃ。

ジュンたちの情報整理カードの一部

情報整理カード | わかったこと 公園を利用している人の話

（ 3 ）まい目　　　　　記事に （する）・ しない

内容	調べ方・資料
・天気のいい日はいつも公園を散歩している ・ベンチがあると、公園でもっとゆっくりできると思う	インタビュー

5年　　1組 小林、田山、三村

1まいのカードにひとつずつ情報を書くようにすると、整理しやすいリンゴ。

1巻の終わりにある情報整理カードのひながたを、先生にコピーしてもらって使いましょう。この本の45ページにあるURLからは、パソコンやタブレットで使えるPDFデータのダウンロードもできます。

構成を考えよう

どうしたら聞き手によく伝わるかを考えて、話すことや話す順番を考えましょう。
担当する人や話す時間、どんな資料を見せるとわかりやすくなるかも考えておきます。

わかりやすい言葉を使う

提案のきっかけや、もっとも提案したいこと（提案の内容）、現在の課題、具体的な例とその理由を順に説明していくと、うまくまとまります。最後に、プレゼンテーションをまとめます。

プレゼンテーションの時間が全部で何分かを確かめてから、それぞれの時間配分を考えるといいリンゴ！

ジュンたちが考えた構成表

構成表

| | | 5 年 1組 | 小林ジュン・田山はるか・三村エマ |

	担当	時間	伝えること	見せる資料
提案の きっかけ	小林	2分	近所に住んでいても、話したことがないと、あいさつしづらいときがある	あいさつをした日としない日のイメージ図
提案の 内容	田山	1分	公園を町の人がふれ合う場所にしよう	提案を大きく書く
現在の 課題	三村	1分	ただ通りすぎる人が多くて、ゆっくりする人はあまりいない	アンケートの結果のグラフ
例①と 理由	田山	2分	ベンチをつくろう →人々がゆっくりすごせて、ふれあいの時間ができる	ベンチのある場所のイメージ図
例②と 理由	三村	2分	花だんの手入れをする →花がさいていると、人が集まる 手入れで人と協力しあえる	花がさく花だんと、花がない花だんの写真
まとめ	小林	1分	公園を変えて、みんなが仲よくできる町にしませんか 協力者への感謝の気持ち	参考資料 協力してくれた人へのお礼

この本の終わりにある構成表のひながたを、先生にコピーしてもらって使いましょう。同じページにあるURLからは、パソコンやタブレットで使えるPDFデータのダウンロードもできます。

ステップ

4 原稿を書こう

構成表に合わせて、自分の担当分の原稿を書きましょう。この原稿をもとに、みんなの前で話します。聞き手に自分たちの提案に納得してもらえるように、表現をくふうします。

わかりやすい言葉を使う

聞いている人がわかるように、特別な用語やむずかしい言葉は、ほかの言葉に言いかえましょう。

問いかけの文を入れる

ところどころに問いかけの文を入れると、聞き手の興味を引きつけることができます。

具体的な例を入れる

具体的な例や自分の体験談を入れるようにすると、話の内容に説得力をもたせることができます。

ジュンたちの原稿の「提案のきっかけ」の部分

わたしは、朝、道で近所の人と会って笑顔を向けられると、うれしくなります。そして、「おはようございます」とあいさつします。そんな日は、一日いいことがありそうな気がします。でも、話したことのない人には、声をかけられなくて、気まずい気持ちで通りすぎてしまいます。

みなさんは、そんな経験はありませんか?

わたしたちは、住みやすい町は、みんなが声をかけあえる町だと思います。でも最近は、近所に住んでいても話したことがない人がたくさんいます。それは、知り合うきっかけがないからではないでしょうか。

気をつけて！失敗あるある

プレゼンテーションの時間を考えないで、原稿を書いたんだ。そうしたら、プレゼンテーションのとき、話の途中で時間切れになっちゃった……。

原稿を書いたら、実際に声に出して読んでみて、時間内におさまるかどうかを確かめておこう。おさまらないときは、文章の量を調整するといいよ。

プレゼンテーションするときに、読みやすいように、なるべく短い文で書くといいリンゴ。

事実と、自分の思いや考えを分けて書く

話の内容が事実なのか、自分の考えなのか、本などから引用したものなのかを区別して話すことが大切です。

右のような表現を使い分けて、原稿を書くようにしましょう。

表現を使い分けてみよう

思いや考えを表すとき
「〜がよいと思います」
「〜と考えます」
「〜と感じています」

具体的な例や事実を表すとき
「たとえば〜」（具体的な例）
「例を挙げると〜」（具体的な例）
「実際には〜」（事実）

引用を表すとき
「（本のタイトル）には〜と書かれています」
「だそうです」
「〜によると、〜ということです」

理由や根拠を表すとき
「なぜなら／その理由は〜」
「〜からです／〜ためです」

ジュンたちの原稿の「例①と理由」の部分

そこで、わたしたちははるの公園にベンチを置いたらよいと考えます。公園は、小さい子にとっては楽しい遊び場ですが、それ以外の人にとって、まるでただの通り道のようになっているのです。

でも、たとえばベンチがあれば、公園はただの通り道ではなくなるかもしれません。

みんながそこに座ってゆっくりできれば、となりに座った人とあいさつしたり、話をしたりできるからです。「公園がすき」（つぼみ出版）には、ある町ではベンチを設置したところ、利用者数が急増したと書かれています。

引用を表す　　理由や根拠を表す　　具体的な例を表す　　自分の考えを表す

ステップアップ！

読みやすい原稿をつくろう

プレゼンテーションで読みやすいように、原稿を紙に書くときにくふうしてみましょう。

大きな字で原稿を書く

原稿の文字が小さいと、発表の練習をするとき、目を近づけて読まなくてはなりません。文字を大きく書くか、原稿を拡大コピーしておきましょう。

内容ごとに紙を分けておく

原稿は、話題が変わるところで紙も変えるようにしましょう。そうすると、どこを読めばいいのかが、わかりやすくなります。

資料をつくろう

プレゼンテーションでは、みんなに資料を見せながら発表します。
構成表と原稿に合わせて、わかりやすい資料をつくりましょう。

情報をしぼって、見やすくする

資料は、話す内容をわかりやすく伝えるためのものです。1まいの紙にのせる情報はできるだけ少なくして、少しはなれた席の人にも見えるように、なるべく大きな文字で書きましょう。

絵や写真、グラフを使って、効果的な資料をつくりましょう。

> みんなが興味をもつような資料をつくろう。

文字でテーマを伝える

プレゼンテーションのテーマや、まとめなどを文字で伝えると、聞き手の関心を引きつけたり、自分たちの主張を強調したりすることができます。

文はできるだけ短くして、表現もくふうしてみましょう。

ジュンたちの
「提案の内容」
の資料

公園を町のふれ合いスポットにしよう

グラフや表で伝える

言葉で説明すると長くなることも、グラフや表、図であらわすと、一目でわかるようになります。

グラフや表をつくるとき、強調したいことは色を変えて目立たせると、自分たちがとくに伝えたい情報が何なのかをわかりやすく伝えることができます。

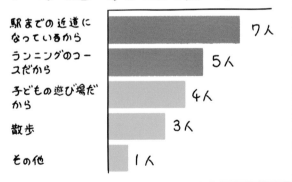

ジュンたちの
「現在の課題」
の資料

人々が公園に来る理由を聞きました！

駅までの近道になっているから	7人
ランニングのコースだから	5人
子どもの遊び場だから	4人
散歩	3人
その他	1人

写真や絵で様子を伝える

写真や絵は、その場所や物がどのような様子なのかを、言葉よりわかりやすく伝えられます。

また、いくつかの写真や絵を並べることで、様子を比べることもできます。

ジュンたちの
「例②と理由」
の資料

花がさいている・さいていないでどうちがう？

はるの公園

さびしいふんいき…

草山公園

楽しいふんいき…

練習をしよう

本番の前に、プレゼンテーションの練習をしましょう。話す係、資料を見せる係など役割を決めて、何度も練習することが成功のひけつです。

聞き手に伝わりやすい 話し方のポイント

自分たちの提案を聞き手の印象に残るように伝えるには、話すときの声や身ぶり、資料の見せ方などに気を配りましょう。

聞き手の反応を常にチェックしながら、進めることが大切なんだリンゴ！

はきはきと、ゆっくり話す

遠くの席の人にも聞こえるように、大きな声で、はきはきと話しましょう。早口にならないように、ゆっくり話すようにします。

聞き手を見る

話すときは、手元の原稿ではなく、できるだけ聞き手のほうを見るようにしましょう。表情も笑顔で話せるといいですね。

タイミングよく資料を見せる

話の内容に合わせて、ちょうどよいタイミングで資料を見せるようにしましょう。指しぼうなどを使うと聞き手の目を向けやすくなります。

そこで、わたしたちは、公園を町の人たちが……。

身ぶり・手ぶりを交える

話すとき、ところどころに身ぶりや手ぶりを交えると、聞き手の注意をひくことができます。

間合いをとる

話題が変わるときや、大事なことを話すときは、その前に少し間合いを空けてから話すようにします。

役割分担を決めておく

話をする係、資料を見せる係、時間を計る係のように、あらかじめ役割分担を決めておきましょう。

本番前に、くり返し練習する

本番前に、プレゼンテーションの最初から最後まで通しで、何度も練習しましょう。そうすると、プレゼンテーション全体の流れをつかむことができます。

ほかの人に見てもらって意見を聞くと、プレゼンテーションをもっと伝わりやすいものにできます。

時間を計る

練習をするときは、時間を計りながらやるようにしましょう。決められた時間内に終わらないときは、原稿の余分な部分をけずったり、資料の数や見せ方を変えたりします。

ほかの人に聞いてもらう

プレゼンテーションをほかの人に見てもらって、話のわかりやすさ、声の聞きやすさ、資料のわかりやすさなどについて意見を聞き、わかりづらいところは直していきましょう。

動画で確認する

タブレットなどで練習の様子を動画にとり、自分たちで見返してみると、新しく気づくこともあります。

原稿に注意したいことを書き入れる

原稿を読むときに注意したいことは、原稿用紙に書きこんでおきましょう。赤い字で書くと、見やすくなります。

注意が多すぎると、話がおろそかになってしまうので、大事なことだけ書くといいリンゴ！

注意点を書いた原稿の例

わたしたちは、公園に来る人たちに話を聞いてみました。その結果が資料②です。公園に来る理由でいちばん多いのは、駅までの近道だからで、二番目はランニングコースだからということでした。そこで、わたしたちははるの公園にベンチを置いたらよいと考えます。

資料②を見せる

グラフを指す

間合いを空ける

聞き手の反応を確かめる

みんなで何度も
練習して、
がんばったんだ！

資料④

参考資料
「公園がすき」（つぼみ出版）2022年
「変わりつつある公園」（パーク出版）2020年
「全国の公園リノベーション」
http:xxxx.xxx.xx/xxx.xx

協力してくださった方々、
ありがとうございました。

資料③

花がさいている・さいていないでどうちがう？

はるの公園

さびしいふんいき…

草山公園

楽しいふんいき…

まとめの部分は、みんなの顔を見ながら、ゆっくり話すようにしたんだ。ぼくたちのアイデア、みんなにうまく伝わったかな。

実際に見てみないとわからないと思って、ふたつの公園で写真をとってきて、並べてみたんだ。

聞き手の反応を確かめる

手を置いたらよいと考えます。公園は、小さい子にとっては楽しい遊び場ですが、それ以外の人にとって、まるでただの通り道のようになっているのです。

でも、たとえばベンチがあれば、公園はただの通り道ではなくなるかもしれません。みんながそこに座ってゆっくりできれば、となりに座った人とあいさつしたり、話をしたりできるからです。「公園がすき」（つぼみ出版）には、ある町ではベンチを設置したところ、利用者数が急増したと書かれています。

次にわたしたちは、公園に花だんをつくって、花を植えることを提案します。

資料③を見せる

資料③は、はるの公園と、となり町の草山公園の写真です。はるの公園は少し

はるの公園の写真を指す

さびしく見えますよね。でも、はるの公園も花がさいていたら、もっと楽しいふんいきになると思います。季節ごとにちがう花がさいていたら、見に来る人も増えるかもしれません。

一年中、花をさかせるのはたいへんかもしれませんが、町の人が協力して手入れをするようにすれば、その人たちの間でもふれあいが生まれて、おたがいに助け合うようになるんじゃないでしょうか。

公園を変えることは、小さなことかもしれません。でも、町の人たちがゆっくりすごせる場所をつくれば、きっとみんなが知り合って声をかけ合える住みやすい町になると、わたしたちは思います。

聞き手の反応を確かめる

間合いを空ける

大きな声で

みなさん、公園から、みんながふれあう、やさしい町づくりを始めてみましょう。ありがとうございました。

資料④を見せる

さあ、本番！

資料②

人々が公園に来る理由を聞きました！

駅までの近道になっているから	7人
ランニングのコースだから	5人
子どもの遊び場だから	4人
散歩	3人
その他	1人

公園がどう利用されているかを知るために、グループで、公園に来る人にアンケートをとらせてもらったんだ。グラフもうまくまとめられたよ！

資料①

公園を町のふれ合いスポットにしよう

提案したいことを短くまとめて、大きな文字で書いたよ。聞いてくれている人の印象に残るといいな。

みんなで話し合って、発表担当の三村さんの体験談を入れることにしたよ。聞いた人はきっと「自分も！」って思ってくれるんじゃないかな。

わたしは、朝、道で近所の人と会って笑顔を向けられると、うれしくなります。そして、「おはようございます」とあいさつします。そんな日は、一日いいことがありそうな気がします。でも、話したことのない人には、声をかけられなくて、気まずい気持ちで通りすぎてしまいます。みなさんは、そんな経験はありませんか？

わたしたちは、住みやすい町は、みんなが声をかけあえる町だと思います。でも最近は、近所に住んでいても話したことがない人がたくさんいます。それは、知り合うきっかけがないからではないでしょうか。

そこで、わたしたちは、公園を町の人たちが出会う場所、ふれ合う場所として活用することを提案したいと思います。たくさんの人が集まっても、通りすぎるだけでは会話は生まれません。でも、人々がゆっくり時間をすごせる場所なら、そこに来た人の間で会話が生まれて、知り合いになれると思うのです。

わたしたちは、学校の近くのはるの公園を調べに行きました。そこで分かったのは、公園を通りすぎる人は多いけれども、ゆっくりくつろいでいる人はほとんどいないということでした。

わたしたちは、公園に来る人たちに話を聞いてみました。その結果が資料②です。公園に来る理由でいちばん多いのは、駅までの近道だからで、二番目はランニングコースだからということでした。そこで、わたしたちははるの公園にベン

（注記）大きな声で／資料①を見せる／聞き手の反応を確かめる／間合いを空ける／グラフを指す／間合いを空ける／資料②を見せる

週休3日制になったら、金・土・日を休日にすることを提案するよ！

テーマ「週休3日制」／5年生

このふたつは、「週休3日制になったら、休日や授業日をどうするか」というテーマで行ったプレゼンテーションだよ。チームでアイデアをまとめて、ふせんを使った資料を見せながら、発表したんだね。

原稿

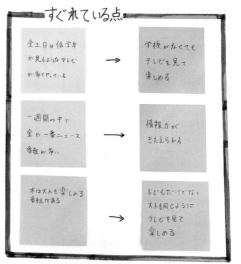

金土日を休日に

目的
幅広い年代で楽しめる　月〜木曜日までのつかれを取る

説明
月火水木が学校　金土日が休み

すぐれている点

金土日は低学年が見るようなテレビが多くなっている → 学校がなくてもテレビを見て楽しめる

一週間の中で金が一番ニュース番組が多い → 情報力がきたえられる

木は大人も楽しめる番組がある → 子どもだけでなく大人も同じようにテレビを見て楽しめる

　わたしたちが提案するのは「金・土・日を休日に」です。なぜなら、幅広い年代で楽しめるし、月曜日から木曜日までのつかれをとれるからです。

　次に、すぐれている点と期待できる点について話していきます。

　最初にテレビの番組表を使って話します。

　テレビ番組表でわかる利点のひとつ目は、金曜日、土曜日、日曜日は、低学年が見るような子ども向けの番組があることです。学校がなくてもテレビを見て楽しむことができるからです。

　利点のふたつ目は、1週間の中で、金曜日がいちばんニュース番組が多いことです。情報力がきたえられます。ちなみに情報力とは、目的に応じて情報を使いこなせることです。

　利点の3つ目は、木曜日には大人も楽しめるバラエティー番組やドラマが多くやっていることです。休みの

　テレビ番組表から休日をいつにするかを考えたところが、ユニークだね。その理由もそれぞれ説明しているよ。

日の前日である木曜日は、大人も夜ふかしをすると思うので、そこに楽しめる作品があるといいと思います。これは金・土・日が休みだからこその利点だと思います。

　次に、テレビ番組表のこと以外のすぐれている点、期待できる点について話していきます。

　まず、スケジュールを立てやすいということです。毎週決まった日に休日が来るため、先の予定を入れておくことができます。

　日本の企業は土・日が休みのところが多いので、イベントなどの多くは土・日にやっています。つまり、今の日本は土・日の休みに合わせているので、今までどおり土曜日、日曜日を休みにすることで、大きく社会を変えなくてすみます。

　このように、金曜日、土曜日、日曜日が休みだと休日を楽しめる要素がたくさんあります。

　これで発表を終わります。

　金・土・日を休みにすることの利点を、世の中の様子からも考えて、説明しているよ。わかりやすいね。

週休3日制になったら、授業日を月・火・木・金にすることを提案するよ！

テーマ「週休3日制」／4〜6年生

どちらも、提案した内容の目的、その説明、すぐれている点・期待できる点の3つに分けて資料をつくっているよ。ふせんにそれぞれ書いてはっているので、見やすいね。

原稿

わたしたちは、授業日を月・火・木・金にすることを提案します。

目的のひとつ目は、連続で授業をするとつかれるので、定期的に、そしてバランスよく授業を受けることです。

そしてふたつ目は、バランスよく授業を受けられるので、定期的に休めることです。

3つ目は、定期的に休むことで、集中力を保てることです。

土・日は休日というイメージが強いので、変えませんでした。そして定期的に休みがあるので、連休よりも休みの喜びを味わえることです。

すぐれている点は2つあります。月・火・木・金に習ったことを日曜日に復習できること。そして日曜日にゆっくり休むことができ、次に学校に行くときに集中力が保たれます。集中力が保たれるということは、学力アップにもつながり、一石二鳥です。

期待できる点は、月・火で習ったことを水曜日に復習し、木・金で習ったことを土曜日に復習します。そうすることで学力アップの要素にもなります。学力アップすることで、将来の夢をよりたくさん考えることができ、仕事の面でも社会の面でも有利になれます。

わたしたちがいちばん伝えたいのは、授業日を月・火・木・金にすると、勉強に集中できる集中力を保てること。

土日が休日というイメージが強いということ。

休みの日に復習できること。

日曜日はゆっくりと休めることです。

しかし、問題点もあります。忘れ物をする可能性と、寝坊などをする可能性があります。

ですが、わたしたちは月・火・木・金を授業の日にすることを提案します。

勉強のつかれをへらして、集中力を保つという点から、週の真ん中の水曜日を休みにすることを提案しているんだね。

提案が実現したら、今だけでなく将来につながる利点があることや、心配な点があることにも目を配っているよ。

森林の役割や森林を守る取り組みについて、わかったことを伝えるよ！

テーマ「森林を守ることの大切さ」／4年生

とくに伝えたいことは、赤い線を引いて強調しているんだね。

資料1

テーマ
森林の役割について 自分のわからなかったことなどを父に聞いたり調べたりしてそれをまとめたことについて発表します。

テーマ理由
父が森林関係の仕事をしていてきょうみをもっていたからです。

ぼくたちがふだん使っている物は色々な工夫や取り組みがされて使えていると知りました。また父の仕事は地球上にとってもじゅうようで必要なことだと思いました。ぼくも父の仕事を手つだうだけでも少しだけ地球を守れるかもしれないと思いました。

1にスギやひの木の他にどんな木が植えられるか
↓
スギの木は水に強いから水のたまりやすい山の低い所に植える。日の木は水に弱いから水のたまりにくい山の高い所に植える。このような日本の気候に合っていてよく植えられるスギやひの木の他に日本の気候に合っていてよく植えられる木→
↓なら、くぬぎ、まつ、けやきなど

2：父はどんなことをしているか
↓
〈森林のてい和〉
・植林
・草かり
・災害でどんなふうになっているか伝えている
・かんばつ
・えだはらい

資料2

3：災害が起きると森はどんなふうになるのか
↓
よく起きる災害
(大風)　(防風)　(どせきりゅう)
どしゃくずれで木などがたおれる　木がたおれるのをふせぐ　土や水や木が白かまざって流されて家などをおしつぶす

父のしているようなことをすることで空気をきれいにしたり水をはぐくんだり土を守ったり生き物のすむ所を守ったり恵みをもたらしたりすることができる。

イオン
イオンに来ているお客さんといっしょに、植じゅをしている

1991(13万本)から取り組みました 2020(12222本)までふえたり取り組めました

三重県ではみんなについて勉強しながら楽しく遊べる公園があり

森は木をうえて育てながら木を使って守る。木を植えて育てながら木を使うことで森や木やかんきょうをまもり自分たちの生活を守ることができる。
→じゅうような2つ

原稿

今からぼくの発表を始めます。

ぼくのテーマは森林の役割についてです。自分がわからなかったことや知りたかったことを、父に聞いたり、調べたりしてまとめました。それについて発表します。

なぜこのテーマにしたかというと、父が森林関係の仕事をしていて、興味をもっていたからです。（資料1）

プレゼンテーションの初めに、どうしてそのテーマを選んだかをみんなに説明することは、とても大切だね。

このプレゼンテーションでは、森林について調べてわかったことを、資料を見せながら、発表しているんだよ。

父にインタビューしたので、その回答を紹介します。

1、スギやヒノキのほかに、どんな木が植えられているのか。

スギの木は水に強いから、水がたまりやすい山の低いところに植えます。ヒノキは水に弱いから、水がたまりにくい山の高いところに植えます。

日本の気候に合っていてよく植えられる木は、スギやヒノキのほかに、ナラ、クヌギ、マツ、ケヤキなどがあります。

2、父はどんな仕事をしているのか。

森林の手入れをしています。具体的には、植林、草刈り、間伐、枝はらいです。災害が起こったときには、森林がどんな状態になっているかを伝えます。

3、災害が起きると森はどのようになるのか。（資料2）

よく起きる災害、たとえば台風では、土砂くずれで木などがたおれます。暴風でも、木がたおれます。土石流

情報を集めるときに、本やインターネットだけでなく、くわしい人に直接、話を聞くことはとても大切だね。

（協力：ウィーケン　オンラインスクール）

資料3

台風の被害状況　2017年秋
①土砂崩れにより道路に土が流れだしている状態

②倒木により道路をふさいでいる状態

③倒木、土砂崩れにより道路をふさいでいる状態

資料4

自然公園ではどのように木が管理されているのか、実際に自分の目で観察してきたことを、報告しているんだね。

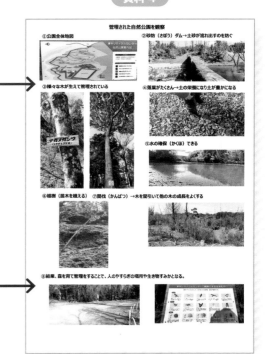

写真を見せながら説明すると、言葉だけで伝えるよりも、ずっと理解しやすくなるね。

が起きると、土や水や木や石などがまざって流され、家などをおしつぶします。

　実際に被害にあったときの状態を見てみましょう。

　これ（資料3）は、土砂くずれにより道路に土が流れ出している状態です。これは倒木により道路がふさがれている状態。これは倒木や土砂崩れにより道路がふさがれている状態です。

　父のしているような仕事があることで、空気をきれいにしたり、水を育んだり、土を守ったり、生き物のすむ場所を守ったり、人に安らぎをもたらしたりすることができます。

　ほかにも森林を守る取り組みが行われています。

　イオンという会社の取り組み。イオンはお店に来ているお客さんと一緒に植樹をしています。1991年から取り組みを始め、国内で植樹した数は13万本。2020年には、コロナで取り組めなくなりました。しかし、国内で植樹された数は1222万本となりました。（資料2）

　三重県の取り組み。三重県には、森について勉強しながら楽しく遊べる公園があります。ぼくも実際に管理された自然公園を観察してきました。全体はこんな感じで

す。（資料4）

　公園には、土砂が流れ出さないようにする砂防ダムがあり、さまざまな木が植えられ、管理がされています。木の落ち葉が落ちていて、それが土の栄養となり豊かな土ができ、水の確保もできます。植樹もして、間伐もされていました。

　その結果、人に安らぎをもたらし、生き物のすむ場所となっています。

　森では、木を植えて育てながら、木を使っています。木を使って守る。木を植えて育てながら、木を使うことで、森や木や環境、そして自分たちの生活を守ることができます。（資料2）

　まとめ。ぼくたちがふだん使っているものは、いろいろなくふうや取り組みなどがされて、つくられていると知りました。また、父の仕事は、地球にとってとても重要で必要なことだと思いました。

　ぼくも父の仕事を手伝うことで、少しだけ地球を守れるかもしれないと思いました。

　これで、ぼくの発表を終わります。

プレゼンテーションをするために、実際にその場所に足を運んだんだね。自分で見たことは、相手にも伝えやすいね。

発表の最後に、まとめとして自分の感想を話していて、聞く人にも、森を守ってほしいという思いが伝わってくるよ。

感染症が広がっている
ときでも、教室内でで
きる遊びをチームで
考えて発表したプレ
ゼンテーションだよ。
こちらの資料も、
ふせんを利用して
つくっているよ。

原稿

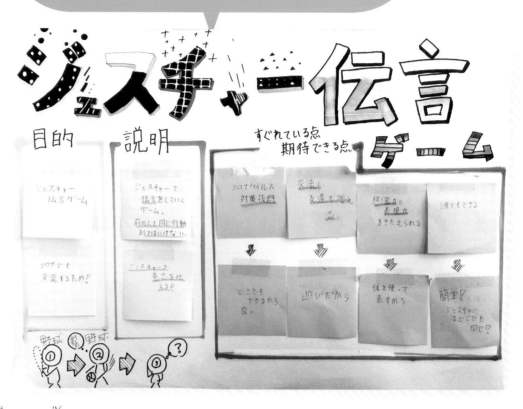

わたしたちが提案する、感染リスクが低い教室内での遊びは、ジェスチャー伝言ゲームです。このジェスチャー伝言ゲームを提案した目的は、今のコロナの状況でも友だちとふれ合い、交流するためです。

ジェスチャー伝言ゲームのルールを説明します。ジェスチャー伝言ゲームは、ジェスチャーで伝言をするという、いたってシンプルなゲームです。

それでは、今からわたしがひとつのお題のジェスチャーをするので、何か当ててみてください。

わかりましたか？　正解は、野球です。

このジェスチャー伝言ゲームのすぐれている点、期待できる点は４つあります。

ひとつ目は、教室ですることができ、人数が多くても、あまり言葉を発することがなく、飛沫が飛ぶ心配がないため、コロナウイルス対策ができるところです。

ふたつ目は、これまでいろいろなところで交流を深めるために使われてきた遊びというものを使い、交流を深め、友人との友情関係を育むことができる点です。

３つ目は、想像力と表現力がきたえられることです。体を使って表すので、何を表しているのか、どうやって表すのかを考え、想像力と表現力のふたつの能力が使われて育つと思います。

４つ目は、だれでもできるところです。ジェスチャーゲームはシンプルなゲームなので、小さい子から大人まで幅広くゲームをすることができます。そして、先ほどわたしがしたジェスチャーは、世界どこでも野球とわかるポーズなので、世界の人々全員が楽しめる遊びです。

このようなメリットがあるので、わたしたちはジェスチャー伝言ゲームを提案します。

以上で発表を終わります。

ジェスチャー伝言ゲームがどんなルールなのかを最初に説明しているから、それに続く話もスムーズに理解できるね。

ジェスチャーをやって見せて質問することで、聞き手の注意を引き、ジェスチャー伝言ゲームのおもしろさを伝えられるね。

デジ コラム

パソコンやタブレットでプレゼンテーションの資料をつくろう

資料をつくれるアプリケーションはいくつかあります。ここでは、Google スライドと Microsoft PowerPoint を使ったつくり方を紹介します。

パソコンやタブレットで資料をつくると、こんなことができる！

パソコンやタブレットで資料をつくれば、図や写真、動画、音楽なども入れられるリンゴ！

① モニターで大きくして

見ることができる

パソコンやタブレットでつくった資料は、紙に印刷して手元で見せることはもちろん、モニターやプロジェクターなどで大きく映し出すことができます。だから、大勢の人の前でプレゼンテーションをするときに、便利です。

② インターネットで共有できる

パソコンやタブレットでつくった資料は、インターネット上でプレゼンテーションを聞く人に配り、それぞれのパソコンやタブレットで見てもらうことができます。

Google スライドを使ってみよう

**Google スライドは、オンラインで資料などをつくるための
アプリケーションです。文章は横書きで入れます。**

先に資料に入れる内容を
考えておこう。
また、使いたい絵や写真
をパソコンやタブレットに
保存しておこう。

1

プレゼンテーションの内容や
話すことを決めておく

この本の 6 〜 11 ページを参考に、プレゼンテーションの内容や構成、話すことを決めましょう。

保健室の利用者について
調べたことをプレゼンテーション
しようと思うんだ。
話の内容に合わせて、
資料をつくっていこうっと。

2

新しいプレゼンテーションを
つくる

ここでのプレゼンテーションは、発表用の資料をつくるためのファイルのことです。

Google スライドのアプリケーションを立ち上げて「新しいプレゼンテーションを作成」のコーナーから「空白」を選ぶと、新しいプレゼンテーションができます。

「空白」を選ぶ。

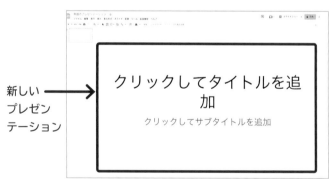

新しい
プレゼン
テーション

3

スライドを増やす

スライドは、資料の 1 まい 1 まいのページのことです。

画面左上の「＋」をクリックすると、ページを増やすことができます。つくりたい資料の枚数に合わせて、スライドを増やしておきましょう。

「＋」マークをクリックすると、ページを増やせる。

文字を入れる

　上の「クリックしてタイトルを追加」をクリックして、大きく入れたい文字を入れます。

　下の「クリックしてサブタイトルを追加」には、少し小さくしたい文字を入れます。

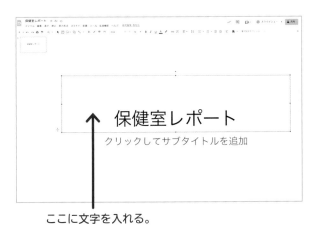

ここに文字を入れる。

文字を整える

　形などを変えたい文字の上をクリックしたままなぞると、文字のまわりに色がつきます。その状態のまま、画面の上で、文字の形や大きさ、色などを選びます。

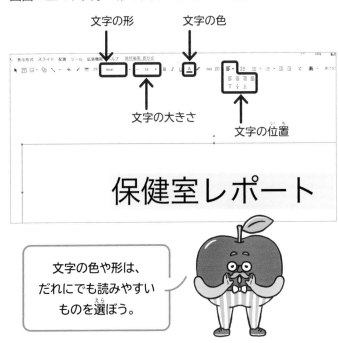

文字の色や形は、だれにでも読みやすいものを選ぼう。

絵や写真を入れる

　画面左上の「挿入」から「画像」を選びます。そのあと、絵や写真を保存していた場所から、使いたい絵や写真をダブルクリックします。

　絵・写真は、大きさを変えたり、必要な部分だけ切りぬいたりすることもできます。

● 画像を選んで入れる

ここから、画像を保存してある場所を選ぶ。

● 大きさを変える

角をクリックしたまま引っ張ると、画像を拡大・縮小できる。

● 写真や絵を必要な部分だけ切りぬく

上の「卆（画像を切り抜く）」をクリックしてから、画像の上下左右や四すみの黒い線を動かすと、必要な部分だけ切りぬくことができる。

23

表をつくる

画面上の「挿入」→「表」を順にクリックすると、右に小さなマス目があらわれます。つくりたい表のたて・横のマスの数になるように選択すると、表ができます。

スライドに表示された表の中に文字や数字を入れていきます。

❶グラフのわくをつくります。

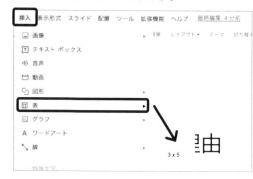

つくりたい表のマス目の数に合わせて、ななめになぞる。

❷表の中に文字や数字を入れます。

外側のわくや中の線をクリックしたまま動かすと、マス目のはばや高さを変えられる。

グラフを入れる

画面上の「挿入」→「グラフ」を順にクリック。つくりたいグラフの種類を選びます。ここでは、「縦棒」（たて向きのぼうグラフ）を選びます。

❶グラフの種類を選びます。

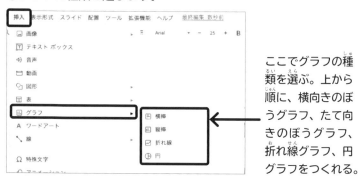

ここでグラフの種類を選ぶ。上から順に、横向きのぼうグラフ、たて向きのぼうグラフ、折れ線グラフ、円グラフをつくれる。

❷初めは仮につくられたグラフが表示されるので、ここからグラフの文字や数字を整えていきます。右上の「∨」をクリックして、「ソースデータを開く」を選びます。

❸新しくスプレッドシート（表をつくるためのシート）が開かれます。このシートの左上の表の中に必要な文字や数字を入れていきます。

「∨」をクリック。

A列に横じくの文字を入れる。

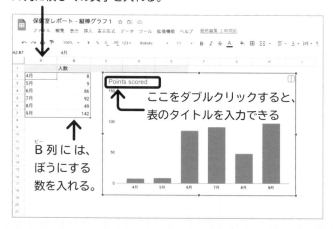

B列には、ぼうにする数を入れる。

ここをダブルクリックすると、表のタイトルを入力できる

❹ Google スライドの画面にもどると、❸で入力
した内容にグラフが更新されています。

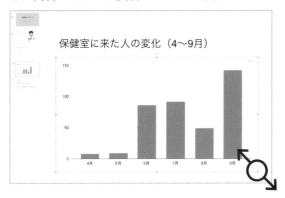

グラフの大きさを変えたいときは、グラフを一度クリック
すると表示される四すみの■を、クリックしたまま動かす
と調節できる。

9

全体を整える

全部のページをつくったら、文字の大きさや形、絵や写真、
グラフの場所などが見やすいかどうかを確認して、整えましょ
う。背景の色を変えることもできます。

「背景」をクリック。

この画面か
ら色を選ぶ。

10

プレゼンテーションを見る

できあがったプレゼンテーションをスライドショーで見てみ
ましょう。画面右上の「スライドショー」をクリックすると、
作成したスライドが大きく、順番に表示されていきます。次の
ページに進むときはキーボードの「↓」を、前のページにもど
るときはキーボードの「↑」をおしましょう。

でき
あがり！

保健室レポート

5年1組　小林ジュン

調べたこと

- 保健室に来た理由
- 保健室に来た人の数の変化

保健室に来た理由（4〜9月）

1	すりきず・切りきず	89人
2	頭がいたい	42人
3	おなかがいたい	38人
4	ねんざ・打ぼく	32人
5	気持ちが悪い	12人

保健室に来た人の変化（4〜9月）

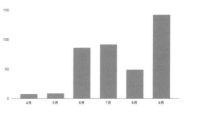

まとめ

保健室に来るのは、すりきずや切りきずの人が多い
秋は春や夏よりも、保健室に来る人が多い

みなさん、けがや病気に気をつけて、元気でいましょう！

PowerPoint を使ってみよう

Microsoft PowerPoint も、Google スライドと同じように
資料などをつくるためのアプリケーションです。
PowerPoint では、文章を横書きでも
たて書きでも入れることができます。

PowerPointでも、Google
スライドと同じような手順で
資料をつくれるリンゴ。
先に、使いたい絵や写真を
用意しておこう。

1

プレゼンテーションの内容や
話すことを決めておく

この本の 6 ～ 11 ページを参考に、プレゼンテーションの内容や話すことなどを決めておきましょう。

2

新しいプレゼンテーションを
つくる

「新しいプレゼンテーション」を選ぶ。

PowerPoint のアプリケーションを立ち上げて、「新規」のコーナーから「新しいプレゼンテーション」をクリックすると、新しいスライドができます。スライドは、資料の 1 まい 1 まいのページのことです。

3

ホーム　　　新しいスライド

スライドを増やす

画面上の「ホーム」と「新しいスライド」を順にクリックすると、スライドの枚数を増やせます。つくりたい資料の枚数に合わせて、スライドを増やしておきましょう。

文字を入れる

「タイトルを入力」をクリックして、大きく入れたい文字を入れます。下の「サブタイトルを入力」には、少し小さくしたい文字を入れます。

ここに文字を入れる。

文字を整える

文字の形や大きさ、色などを変えたいときは、その文字の上をクリックしたままなぞると、まわりに色がつきます。その状態のまま、画面の上で、文字の形や大きさ、色を選びます。

絵や写真を入れる

画面上の「挿入」と「画像」をクリックすると、「画像の挿入元」という画面があらわれます。絵や写真を保存していた場所から、使いたい絵や写真をダブルクリックします。

絵や写真が入ったら、大きさを変えたり、余分なところをカットしたりして、整えます。

●大きさを変える

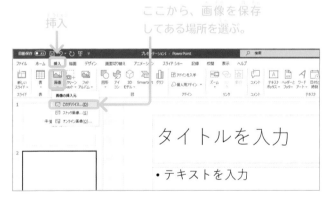

角をクリックしたまま引っ張ると、画像を拡大・縮小できる。

●写真や絵を必要な部分だけ切りぬく

上の「トリミング」をクリックしてから、画像の上下左右や四すみの黒い線を動かすと、必要な部分だけ切りぬくことができる。

7

表を入れる

　表を入れたいスライドを選択して、画面の真ん中にある小さなイラストの中から左上の「表の挿入」をクリックします。すると、「表の挿入」画面があらわれるので、つくりたい表のたて・横のマスの数を入力します。

　スライドに表が表示されたら、中に必要な文字や数字を入れていきます。

❶表のわくをつくります。

「表の挿入」画面。「列」に横のマスの数、「行」にたてのマスの数を入れる。

左上の「表の挿入（⊞）」をクリック。

❷表の中に文字や数字を入れます。

文字や数字を入れる。

8

グラフを入れる

　グラフを入れたいスライドを選択して、画面の真ん中にある小さなイラストの中の、上の段の左から2番目「グラフの挿入」をクリックします。すると、「グラフの挿入」画面があらわれるので、つくりたいグラフを選びます。ここでは、「縦棒」の「集合縦棒」を選びました。

　次に、グラフをつくるための小さな画面があらわれるので、必要な文字や数字を入力すると、ぼうグラフができます。

　入力が終わったら、小さな画面をとじます。

❶グラフの種類を選びます。

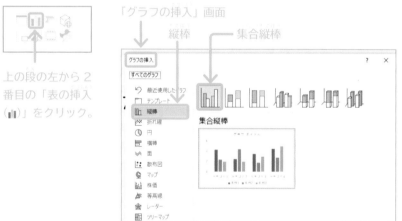

上の段の左から2番目の「表の挿入（📊）」をクリック。

「グラフの挿入」画面

縦棒　　集合縦棒

❷表の中に文字や数字を入れます。

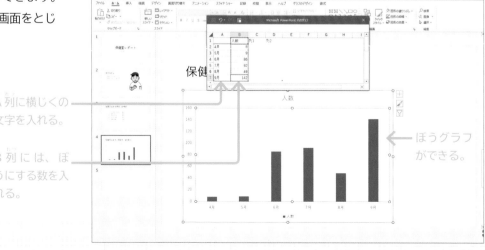

A列に横じくの文字を入れる。

B列には、ぼうにする数を入れる。

ぼうグラフができる。

9 全体を整える

全部のスライドをつくったら、文字の大きさや形、絵や写真、グラフの場所などを見やすく整えましょう。

画面上の「デザイン」→「背景の書式設定」→「塗りつぶし」で、背景の色を変えることもできます。

10 プレゼンテーションを見る

できあがったら、プレゼンテーションをスライドショーで見てみましょう。

画面上の「スライドショー」→「最初から」を順にクリックすると、作成したスライドが大きく、順番に表示されていきます。左下の「ツールバー」でページを進めたり、もどったりできます。

PowerPointを使えば、スライドを、たて書きにすることもできるリンゴ！

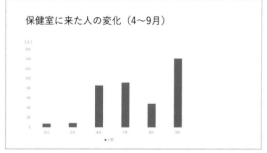

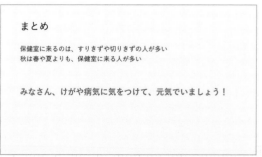

食料生産について調べて資料をつくったよ！

テーマ「食料生産」／5年生

資料1

これからの食料生産で大切なことは…
・地産地消を広げていくこと
です。

地産地消のイメージを入れて、わかりやすく説明しているんだね。

資料2

食品の地産地消を意識していますか？
（2020年 楽天株式会社調べ）

意識していない	25.3%
意識している	18.7%
どちらかというと意識していない	18.1%
どちらかというと意識している	37.9%

意識している・どちらかというと意識しているが半分を占めているが、どちらかというと意識していないも多いのであまり広まってない。

地産地消に対する人々の意識を聞いたアンケートの結果を入れているよ。地産地消を意識していない人がまだ多いことが、見てすぐにわかるね。

資料3

学校給食の地産地消の取り組みの例

地元商店　JAなど　地元生産者

栄養士・栄養教諭 ↔ 給食センター → 小学校 中学校

学校では、給食の食材を地産地消のものを使ったり、イベントを行ったりしている。

最後に、みんなに伝えたいことを短い文で書いているよ。「地産地消」というキーワードは赤い文字にして、目立たせているんだね。

資料4

〈自分の考え〉

・買い物に行くときは**地産地消**の食品をなるべく買いたいです。

パソコンやタブレットでつくった資料 みんなの作例

正しい歯のみがき方をみんなに伝えるよ！

テーマ「虫歯予防」／6年生

資料1

6月4日　虫歯予防 day
歯磨きをしよう

最初に、これからみんなに何を説明するのかを
伝えていることは、とても大切だね。

資料5

２、
歯の裏側まで
しっかりみが
こう！

資料2

今から歯磨きのことについて説明します

磨き方・コツなど・・・

資料6

前歯はこうやってみがくよ!!

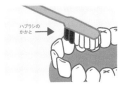

よごれがつきやすい前歯の
うらがわは、ハブラシのかかとを
使って、「たてみがき」をしよう。

かかと

最初に、かわ
いい絵を見せ
てみんなの興
味を引きつけ
て、そのあと
にみがき方を
わかりやすく
説明している
よ。

資料3

歯をみがくときに
奥歯までちゃんと
みがこう！

資料7

歯と歯の間をみがくには・・・

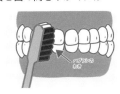

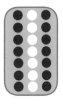

歯と歯の間は、ハブラシのわきを
使って、「たてみがき」をしよう。

わき

資料4

奥歯を磨くときに!!

ハブラシのつま先

ハブラシがとどきにくい
奥歯は、つま先を使って
みがこう。

つま先

資料8

今話したことをちゃんとおぼえてね

絵と文字を組み合わせて、まとめの言
葉の印象を強めているんだね。

原子爆弾の被害について調べたことを伝えるよ！

テーマ「原爆の被害」／6年生

タイトルの後ろに、複雑な色使いの絵を置いて、原爆の被害のおそろしさや不安な感じをイメージさせるのに、成功しているね。

資料2

なぜこのことを調べたか

原爆が落ちた後広島はどのようになっていたかが気になり、広島の被害がどんなものかが気になったからです。

文字の色や大きさを変えて、見出しとその答えの文章を区別しやすくしているんだね。

資料5

爆発した直後

原爆が爆発して約1kmにいた人は致命傷を負いました。また無傷に見えてもその後、発病し死亡しました。

さらなる被害

また原爆は広島に長期間にわたって残留放射能を地上に残しました。このため、家族や親戚、同僚などを探して救護活動のために来た人たちの中に直接被爆した人と同じように発病したり、亡くなったりしてしまう人がいた。

資料3

実際に亡くなった人の数

1945年8月6日から1945年8月末には14万人も亡くなった。

資料6

親を亡くした人たちは2000人ともいわれ、靴磨きなどをしていた。

食べれるものはすべて食べていて子供たちだけで地引網などをして何とか生きていた。

資料4

東温市の人口は約3万人で東温市の約5倍

資料7

原爆での被害をまとめてみて思ったことは、原爆というものはほんとに恐ろしいもので、それを伝えるためにどのようにしているかが気になったのでまた調べてみたいです。

まとめ

市の人口を見せることで、原爆の死者の多さをわかりやすく伝えているよ。

学校のまわりの危険な場所をみんなに伝えるよ!

テーマ「安全マップ」／４年生

資料1

5班　安全マップ

START!

資料5

ここは、大泉第六小学校のプール門から出てすぐの所にある、ヒヨドリ公園です。
ここは、へいが高くて助けを、求めにくいので、危険な場所です。

あぶない

きけん!

あぶない

あぶない場所を写真といっしょに見せているから、どこのことなのか、すぐにわかるね。

資料2

安全なところと危ないところはどこだろう？

資料6

ガードレールが途切れているので、
危ないです。
木がじゃまで来る車が見えにくいので
危ないです。

資料3

危ないところ

・暗いところ　・助けを求めにくいところ　・道が細いところ
・人通りが少ないところ　・ガードレールがないところ
・危険な看板が立っているところ　・角になっているところ
など、考えれば考えるほどたくさんあります。
今回は危険なところを見ていきましょう！

資料7

クイズ

ひまわり110番はどっち？

どっちだったっけ？

クイズの形式でひまわり110番のマークを聞いているよ。みんなの興味を引きつけるためのくふうだね。

資料4

安全なところ

・明るいところ　・ガードレールがあるところ　・ひまわり110番の家
・人通りが多いところ　・逃げ込める場所が近くにあるところ
安全なところは皆さんのすぐ近くにありますか？
クイズで一緒に学びましょう！

資料8

答え

右のひまわり110でした♪
ちなみに、左はビックリマークでした。

あぶないところと安全なところの特徴を箇条書きで書いているよ。背景の色も変えて、区別しやすくしているね。

みんなで漢字ドリルをつくったよ！
その効果と今後について報告するね！

テーマ「漢字ギライをなくそう！」／6年生

原稿

漢字ギライをなくそう！（資料1） みなさん、漢字練習や漢字の正しい活用は得意ですか？

こちらはわたしたちの小学校の高学年に行った、漢字が得意かどうかのアンケート結果です。苦手と答えた人が半分近くいました。（資料2）

次に、漢字の宿題をめんどうだと感じているかのアンケート結果です。めんどうだと感じていると答えた人が65%もいました。（資料3）

それはそうですよね、ふだん使っている漢字ドリルは同じ例文のくり返しで、活用の幅が広がらない。同じことを何度も何度もくり返すのって苦痛ですよね。

そこで、わたしたちの小学校のあるあるや市に関することを例文にすれば、漢字を楽しく覚えられる！ そう思い、芦原っ子漢字ドリルを作成することにしました。

いくつか例文を紹介すると、「職員室に入るのは勇気がいるよね。」「母が個人面談の日にはドキドキする。」など、こんな例文が出てきたら印象にも残るし、自分からどんどんページをめくりたくなりませんか？（資料4）

この漢字ドリルをつくるために、わたしたちは4つの班に分かれて活動にとりかかりました。問題をとにかくつくる問題作成班。つくられた問題を厳選する問題精選班。それをもとにドリルをつくり上げるドリル作成班。アンケートをつくりデータをまとめる、アンケート分析班に分かれて作成しました。たくさんの人に協力してもらい、試行錯誤の上、何度も改良をくり返し、とってもとってもがんばったんです。

わたしたちは取り組みの成果を検証すべく、アンケート調査を行いました。その後、芦原っ子漢字ドリルを宿題や自主学習で活用してもらい、オリジナルの50問テストを実施しました。取り組み後のアンケートでは、漢字ドリルが楽

プレゼンテーションのテーマを話したあと、聞き手に質問しているよ。みんなに身近な漢字の話題だから、「何だろう？」と思って聞きたくなるね。

アンケートをとっているから、多くの人がどう思っているかがよく伝わってくるね。結果も円グラフで表しているから、一目でわかるよ。

例文を具体的に紹介しているから、どんな漢字ドリルをつくったのかが、聞き手にもわかるね。

資料1

→ 漢字ギライをなくそう！
戸田市立芦原小学校

資料2

漢字は得意ですか？

得意 53.3 ／ 苦手 46.7

資料3

漢字の宿題は面倒だと感じますか？

感じない 34.4 ／ 感じる 65.6

資料4

例文

職員室 に入るのは勇気がいるよね。

荒川と笹目川は、戸田市を流れる 河川 。

母が 個人 面談の日はドキドキする。

しかったと答えた人がたくさんいて、漢字が好きになったという人も増えました。

漢字の習熟に関する結果は次のようになりました。芦原っ子漢字ドリル実施前の過去2回の50問テストの平均点は69点、73点でした。ドリル実施後の平均点は、なんと77点なので、芦原っ子漢字ドリルへの取り組みによってテストの平均点が上がったということがわかります。（資料5）

ただ、平均点が上がっている事実はあるものの、漢字を苦手としている児童や、点数が今まであまり変わらなかったという児童もいました。つまり、芦原っ子漢字ドリルにはまだまだ改善すべき点があるということです。

今後の改善については、ドリル内にちょっとしたテスト欄をつくったり、例文の中にある熟語を強調して表記したりするなどを考えました。また、来年度以降も長く使ってもらえるように、教科書通りの順番で構成することも必要だと感じました。（資料6）

この活動に取り組んでいるうちに、いつの間にか自分たちの漢字に対する苦手意識がなくなったり、これまで学習した漢字をより確実に覚えることができたりしました。わたしたちは、この漢字ドリルをつくるのがとても楽しくて、夢中になりました。夢中になってくふうした例文をつくっているうちに、覚えた漢字を正しい文脈で使えるようになっていました。

現在は、3年生と4年生の芦原っ子漢字ドリルもできあがり、活用してもらっているところです。（資料7）今後は低学年用のドリルもつくっていきたいと考えています。

わたしたちの学校はもちろん、市の各学校でも多くの漢字を知っている高学年が、こんなふうに取り組むことで、下級生がもっと楽しく漢字練習に取り組めると思います。ひとり1台のパソコンやタブレットを正しく活用すれば、みんなで協力してつくることができます。市の子どもたち全員が漢字を好きになってほしいです。（資料8） これでわたしたちの発表を終わります。ありがとうございました。

資料5

漢字50問テストの平均点

77 点

漢字ドリルをやったあと、テストの平均点が上がったことはとくに強調したいので、資料も点数の数字を大きくして目立たせているよ。

資料6

熟語を強調
教科書通りの順番

これから漢字ドリルをどう改善していきたいかを、資料に文字で書いて示しているよ。短い文で、赤い色も効果的に使っているね。

資料7

タブレットを活用したICT（情報通信技術）とみんなの協力、そして楽しく学ぶことが学力向上につながることを、矢印を使って図にしているよ。

資料8

テーマの「ト・レジャー」は、「レジャー」という言葉と英語で宝物を表す「トレジャー」という言葉を組み合わせたんだね。

福井の海のト・レジャーを紹介するよ！

- -
テーマ「ふるさと福井の魅力」／6年生

原稿

スゴイやつら！（資料1）

ぼくたちは、福井の海のト・レジャーをさがしてきました。

福井の海の特徴は？

ひとつ目、魚がうまい！　ふたつ目、原発が見える！　3つ目、映える！

きれいな空、きれいな海、そしてすてきな人。

福井の海の魅力、おさらい。魚がうまい、原発が見える、映える、でした！

福井には有名なビーチがあります。今から3つ紹介します。

ひとつ目、気比の松原海水浴場。日本三大松原のひとつとなっています。日本三大松原とは、気比の松原、虹の松原、三保の松原のことです。気比の松原は昔から市民の交流の場として栄えたのですね。（資料2）

ふたつ目、水晶浜。環境省選定日本の水浴場88選に選ばれているんです。見てください。水晶のようにきれいな砂を。（資料3）

3つ目、水島。ここは敦賀のハワイ！ほんとうにハワイなんです。（資料4）

今日、紹介したビーチは、気比の松原海水浴場、水晶浜、水島でした。このように、福井にはたくさんのきれいな浜があり、家族で楽しむことができます。

最初にみんなが「何だろう？」と思うせりふと資料から、プレゼンテーションを始めているよ。聞き手の注意を引くのに効果的だね。

「今から3つ紹介します」「ひとつ目は～」というように、順序立てて説明しているから、わかりやすいね。資料には3つの海岸の写真と文字を入れて、魅力をよく伝えているよ。

資料1

スゴイやつら

資料2

1つ目 松原海水浴場
日本3大松原の一つとなっています

資料3

2つ目 水晶浜

環境省選定「日本の水浴場66選」に選ばれている

資料4

3つ目 水島
ここは、敦賀の
ハワイ

資料5

次は、マリンスポーツ！ マリンスポーツとは、海の水上または水中で行うスポーツのことです。

ふたり乗りカヤック、SUP（スタンドアップパドルボード）（資料5）、カヤック。数多くあるビーチを利用してイベントが開かれることがあります。

福井の海で楽しめるマリンスポーツや、いろいろな釣りの方法も、知らない人にも伝わるように、写真や絵といっしょに紹介しているんだね。

資料6

次は、釣り。福井では、釣りをする人が多いです。簡単にできる釣り、浮き釣り（資料6）、投げ釣り、ルアー。とっても楽しいです。しかし、あぶないことはしないでください。

では、釣れる魚を紹介します。カワハギ、メジナ、シロギスなどです。（資料7）ほかにも釣れます。小さい魚も釣れます。魚を持ち帰ってよいのなら、持ち帰って料理してみよう。

資料7

ところどころ、ジョークも交えて、とても楽しいプレゼンテーションになっているね。

おすすめの料理は、焼き魚いいよね！ 天ぷら、天ぷらもおいしいよね！ でも、いちばんは生だよね！ ビールじゃなくて、刺身！ そしてとくに、敦賀真鯛。（資料8）刺身、天ぷら、焼き魚。どれもがおいしいんです。おいしいよ！ 食べてごらん。

みなさんも海という自然とふれあい、すずしみ、楽しんでみてください。家でも写真などで海を楽しんでみてくださいね。

資料8

敦賀真鯛は、福井県敦賀市の海で養殖されているよ。とくにおすすめしたい魚だから、写真といっしょに見せているんだね。

ト・レジャーいっぱいの福井の海にレッツ胡麻鯖。（資料9）

ありがとうございました。

資料9

福井県がほこる日本遺産をみんなに紹介するよ！

原稿

こんにちは。敦賀南鉄道3人組です。

この方、メガネかけてますね。（資料1）まずはメガネにちなんだお題。

こういう橋を「眼鏡橋」といいます。昔、レンガを積み上げてつくられました。（資料2）じょうぶで強い橋です。かっこいいですね。

これがぼくたちの学校です。なんとこの学校の近くに、眼鏡橋があるのです。

これが眼鏡橋です。ちっちゃー！

そして、今回は、ふるさと福井の魅力について紹介したいと思います。イェーイ！

眼鏡橋は明治前期に使われていた旧北陸線の鉄道の橋として、つくられました。

何がスゴイって？　この眼鏡橋、なんと日本遺産に認定されました。眼鏡橋をふくめ、日本遺産に5つも福井のものが認定されました。（資料3）

日本遺産とは、文化庁が認定した地域の魅力や特色を語る遺産をストーリーとしてまとめたものです。これが日本遺産です。

5つありますが、今回は3つ紹介します。ひとつ目は、眼鏡橋。ふたつ目は、小刀根トンネル、3つ目は、柳ヶ瀬トンネルです。

次は、小刀根トンネル。（資料4）小刀根トンネルは1881年にできたトンネルです。小刀根トンネルのレンガづくりの壁は、今でも見ることができます。

突然ですが、問題です。この小刀根トンネルですが、とある蒸気機関車に合わせて、つくられています。その蒸気機関車とは？

そう、あのデゴイチです！（資料5）

最初に、メガネに聞き手の注意を向けて、そこから、眼鏡橋の説明、そして福井県の日本遺産の眼鏡橋の紹介というように、話の組み立てをくふうしているんだね。

福井県の日本遺産を、地図を入れた資料を見せながら、わかりやすく説明しているよ。

聞き手に質問を投げかけているよ。聞き手は答えを知りたくて、話を熱心に聞くようになるよね。

資料1

この方メガネかけてますね

まずはメガネにちなんだ話題

資料2

こういう橋を眼鏡橋といいます
昔、レンガを積み上げてつくられました。
じょうぶで強い橋です。かっこいいですね。

資料3

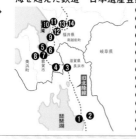

海を越えた鉄道　日本遺産登録
❶旧長浜駅舎
❷D51形793号蒸気機関車
❸柳ヶ瀬トンネル
❹小刀根トンネル
❺敦賀港の景観
❻旧紐育スタンダード石油会社倉庫
❼旧大和田銀行本店本館
❽眼鏡橋
❾杉津の景観
❿山中トンネル
⓫山中信号所跡
⓬山中ロックシェッド
⓭今庄宿
⓮湯尾トンネル
⓯シベリア経由欧亜連絡切符

資料4

1つ目はこの小刀根トンネル

2つ目は眼鏡橋です

3つ目は柳ヶ瀬トンネルです

資料5

そう、
あのデゴイチ
です！！

鉄道ファンに人気の
高いデゴイチのこと
を、強調して伝えて
いるよ。資料も、背
景の色を変えて目立
たせているんだね。

D51形蒸気機関車、通称デゴイチは、おもに貨物輸送に使われました。敦賀－今庄間には12本ものトンネルがきずかれました。

小刀根トンネルの急な坂を登るために、これまでより引っ張る力が強い、デゴイチが登場しました。

福井県すごすぎ～！（資料6）

柳ヶ瀬トンネル。柳ヶ瀬トンネルとは、明治17年にできたトンネルです。

敦賀－長浜の間の柳ヶ瀬トンネルは1884年にできました。このトンネルのおかげで日本海と太平洋を結ぶ最短ルートができました。

これが柳ヶ瀬トンネルです。（資料7）

柳ヶ瀬トンネルのすごいところ！

当時、日本最長のトンネル。な、な、なんと1352m。（資料8）おどろき～！

今も残されている柳ヶ瀬トンネル。明治から令和まで守られているなんて、すごいじゃん！

ほかにもいいところはあるけど、あとは自分で調べてみてください。（資料9）トンネルめぐりをしてみると、おもしろいかもしれませんね！

少しでも魅力がわかりましたか？　みなさんもぜひひ来てみてください！

でもやっぱり地元福井って、すごすぎ～！

終わり！

資料6

福井県すごすぎーー

福井県の「すごさ」
を声をそろえてアピ
ールしているよ。同
時に、資料でも「す
ごさ」を強調してい
るんだね。

資料7

これが柳ケ瀬トンネルです

とくに注目してもら
いたいことは、「な、
な、なんと」と前置
きを入れて、聞き手
の関心を引きつけて
いるんだね。資料も、
大きな文字でトンネ
ルの長さを書いて、
目立たせているよ。

資料8

ナナなんと
1352m！？

鉄道好きな6年生3人組が、
鉄道にまつわる福井の
魅力をプレゼンテーション
したんだね。

資料9

自分で調べ
てみてね！

留守番しているときに地震が起こったら、どうすればいいかを調べてみたよ！

テーマ「地震対策」／5年生

「震災行動」は、地震が起こったときにとる行動のことなんだね。

原稿

　わたしは、子どもでもわかりやすい震災行動チェックリストについて発表します。

　このテーマを選んだ理由は、わたしはよくひとりで留守番をしているからです。また、小学生はこれから留守番することが多くなると思います。その留守番中など、ひとりでいるときにでも、自分の命を守れて、ひとりでも亡くなる子どもがへればいいと思ったからです。（資料1）

　目次を紹介します。1、最初に考える攻撃力と防御力、2、名古屋と淡路島にある地震館に行ってみた、3、わたしがひとりでいるとき、4、震災行動チェックリストをつくってみた、5、まとめ。（資料2）

　1、最初に攻撃力と防御力について考えてみました。NPO法人減災教育普及協会の先生から、オンラインで減災について教えてもらいました。そのときに攻撃力と防御力の差が被害になると聞きました。先生はモンスターにたとえて話していました。

　攻撃力は、おそってくる地震などの種類や大きさのことです。例えばモンスターの攻撃力のようなものです。防御力は、自分や自分の家などが、どれだけ攻撃をふせげるかということです。例えばモンスターにおそわれる側の守る力です。（資料3）

　わたしの住んでいる地域の攻撃力をハザードマップで調べました。（資料4）また、

初めにテーマと、それを選んだ理由を説明しているよ。留守番することが多いという自分の経験をもとに説明しているので、納得しやすいね。

これから話すことを、目次として順番に挙げているから、聞き手も全体をイメージしつつ話を聞けるね。

資料の文字の大きさや色使いなどを統一しているから、とても見やすいね。

資料1

テーマとテーマを選んだ理由

テーマ

子供でも分かりやすい震災行動チェックリストについて

テーマを選んだ理由

私はよく一人で留守番をしています。また、小学生はこれから留守番することが多くなると思います。その留守番中と、一人でいるときにでも自分の命を守れて、一人でも亡くなる子供が減ればいいと思ったからです。

資料2

目次

1. 最初に考える攻撃力と防御力
2. 名古屋と淡路島にある地震館に行ってみた
3. 私が一人でいるとき（私向けのチェックリスト）
4. 震災行動チェックリストを作ってみた
5. まとめ

資料3

1. 最初に考える攻撃力と防御力

NPO法人減災教育普及協会の代表理事、江夏さんから、オンラインで減災について教えてもらいました。そのときに攻撃力と防御力の差が被害になるということを聞きました。江夏さんは、モンスターに例えて話していました。

攻撃力

おそってくる地震などの種類や大きさのこと。例：モンスターの攻撃力。

防御力

自分、自分の家などがどれだけ攻撃をふせげるかということ。例：モンスターに襲われる側。

資料4

1. 最初に考える攻撃力と防御力

攻撃力

・私の住んでいる地域の攻撃力をハザードマップで調べました

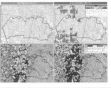

（協力：ウィーケン　オンラインスクール）

40

資料5

2. 名古屋と淡路島にある地震館に行ってみた

①名古屋大学減災館（8/10）

○わかったこと

・太陽光パネルなど屋根が重い家、窓や玄関が広い家などは倒れやすい。

・いくら堤防があったとしても、大きな津波は超えることが多い。

・私の住んでいるエリアをモニターで確認してみたら、洪水や津波の心配はないが、液状化がとてもひどい地域（液状化は埋め立て地で起こりやすい。私の地域も埋め立て地）。

地震に関する資料を展示するふたつの施設に実際に行って、調べたんだね。資料では、写真も入れながら報告しているから、わかりやすいね。

資料6

2. 名古屋と淡路島にある地震館に行ってみた

②淡路島の震災館（8/19）

私は、兵庫県・淡路島にある「阪神・淡路大震災」の震災館に行きました。そこでは、実際に地震がおきたときにできた断層が縦140mそのまま保存されてありました。とても大きく地面が上昇し大きくずれていました。

また、震災館の隣にある家は、家の壁が大きくずれ、家自体20cmほど上昇していました。

その家は、地震に強くて地震で倒れることがなかったため、住んでいた人は震災後4年間生活していたらしいです。

この地震は、お母さんが中学生のとき大阪で経験していて、お母さんが通った神戸の大学の学生の方もたくさんの人が亡くなった、と言っていました。

資料7

4. 《地震が来る前に、ふだん確認しておくこと》

1. 攻撃力チェック

☐ どんな地震が来るか、自分で分かっているか（事前にハザードマップを確認しておくのが大事）。

2. 防御力チェック

☐ 自分の家は築何年くらいか。

☐ 家具は倒れにくいようにしっかり、固定してあるか。

☐ 食器棚から割れた食器が落ちてこないか。

☐ 高いところにものを置いていないか。

☐ 一人でいるときを自分で分かっているか。　　⇒自分向けのチェックリストを作るのも良い。

☐ 一人でいるときに何をすればいいか、自分で分かっているか。

☐ 家族との待ち合わせ場所、避難場所を家族と確認しているか。

☐ 防災バッグをしっかり用意しているか。

☐ 防災バッグの中身を自分で把握しているか。

地震が起こったときにとる行動のチェックリストを、どんなことに気をつけながらつくったかを、実際につくったチェックリストを見せながら説明しているよ。

資料8

5. まとめ

ふだん大きい地震がおこることがないので、あまり気にすることがなかったが、日本は地震が多いため、いつ、どこでおこるか分からないから、実際に地震がおこったとき自分や大事な人の命を守るため、防災バッグを用意したり、家具を固定しておいたりと、しっかり対策しておくことが大事だと、改めて思った。

今回このテーマを調べるまでは、「避難所を家族と確認する」「待ち合わせ場所を決めておく」などと、最低限のことしか考えていなかったが、一人でいるときに地震が起きたらどうするか、あらかじめ考え準備しておくことによって、落ち着いて行動できるのではないか、と思った。

具体的にどのような行動を変えるべきかや、今回の調査の効果など、今回の学びを聞き手に伝えようとしているんだね。

防御力についても考えてみました。地震のときは、家でそのまま生活するときと避難所に行くときがあると先生から聞きました。避難所は生活しにくいらしいので、なるべく家で生活するほうがいいです。そのために、防災バッグの中身を確認し、買い替えておくことも大事だと思いました。

2、名古屋と淡路島にある地震館に行ってみました。そこでわかったことを発表します。

1、名古屋大学減災館。自分の住所を入力して、それぞれの地域のハザードマップなどを確認することができるモニターを見ました。わたしの住んでいる地域は液状化が多いことがわかりました。（資料5）

2、淡路島の北淡震災記念公園。震度7だった阪神淡路大震災では、当時の高速道路では簡単にたおれることがわかりました。ちなみに、この地震が起きたあとに、全国の高速道路が改良されました。（資料6）

わたしは震災行動チェックリストを攻撃力と防御力に分けてつくりました。（資料7）攻撃力は、どんな地震が来るか自分でわかっているかなど。防御力は、ひとりでいるときに何をすればいいか、自分でわかっているかなど。わたしは自分の避難経路の地図を確認してみました。

5、まとめ。ふだん大きい地震が起こることがないので、あまり気にすることがありませんでしたが、日本は地震が多く、いつどこで起こるかわかりません。実際に地震が起こったとき、自分や大事な人の命を守るために防災バッグを用意したり、家具を固定しておいたりと、しっかり対策しておくことが大事だと改めて思いました。

今回、このテーマを調べるまでは、避難所を家族と確認する、待ち合わせ場所を決めておくなど、最低限のことしか考えていませんでしたが、ひとりでいるときに地震が起きたらどうするか、あらかじめ考え準備しておくことによって、落ち着いて行動ができるのではないかと思いました。（資料8）これで発表を終わります。

デジコラム

パソコンやタブレットで 学校のCMをつくろう

Microsoft PowerPoint のスライドショーを使えば、アニメーションをつくれます。学校のよさを伝える簡単な CM をつくってみましょう。

PowerPoint を使ってみよう

Microsoft PowerPoint は、Google スライドと同じように資料などをつくるためのアプリケーションです。
PowerPoint では、文章を横書きでもたて書きでも入れることができます。

PowerPointでつくったスライドに、ナレーションなどを入れれば、学校をPRするCM動画として、みんなに見てもらえるリンゴ！

アニメーションなどの映像と音声を組み合わせた CM は、見る人の印象に残りやすく、短い時間で多くの情報を伝えることができます。

絵コンテの例

①

計画を立てる

最初に、伝えたいテーマは何か、だれに見てもらいたいか、CM の長さはどのくらいか、どうやって伝えるかなどを考えます。それから、イメージを紙にかいて、動画の流れを決めていきましょう。動画の流れを絵にかいたものを、絵コンテといいます。

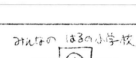
みんなの
はるの 小学校

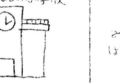
はるの小学校の
おすすめのところを
しょうかいします

②

スライドをつくる

スライドは、PowerPoint の資料の 1 まい 1 まいのページのことです。
この本の 26 ～ 29 ページを参考に、❶でかいた絵コンテをもとにして、スライドをつくりましょう。

みんな
元気

給食が
おいしい

著作権に気をつけよう!

インターネット上では、たくさんの絵や写真、文章、音楽が公開されています。でも、これらを自分の作品に勝手に使ってはいけません。絵や写真、文章、音楽などをつくり出した人には、著作権という権利が認められているからです。著作権は、

自分の作品をほかの人に勝手に使われないための権利です。

ほかの人の作品を利用するときには、必ずその人の許可をもらうようにしましょう。

作品の中には、著作権の期限が切れたり、つくった人が「自由に使ってください」と表明していたりして、使っていいものもあります。ただし、そのような作品でも、使うときに条件をつけているものもあります。

利用のルールを確認してから、ルールにしたがって使うようにしましょう。

③

スライドの切りかえ方を
変える

スライドショーにしたときのスライドの切りかえ方を変えることができます。

画面上の「画面切り替え」を選んで、右下の「その他」をクリックします。すると、画面のいろいろな切りかえ方が出てくるので、試してみましょう。その中から効果的なものを選びます。

画面切り替え　　　　いちばん下の「その他」をクリック。

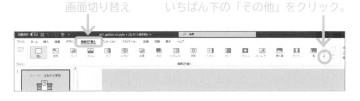

画面のいろいろな切りかえ方

④

絵や文字を動かす

動かしたい絵や写真、文字を選択してから、画面上の「アニメーション」をクリックします。すると、アニメーションの種類があらわれるので、その中の1つを選んで、右上で動きを開始するタイミングなどを設定します。

別の絵や写真、文字を動かしたいときは、それをクリックしてから「アニメーションの追加」をクリックして、動きや開始のタイミングを選びます。

アニメーション　　　　いちばん下の「その他」をクリック。

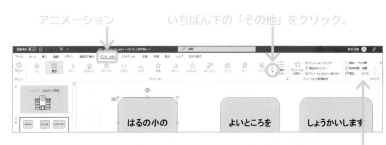

動きを開始するタイミングなどを設定する。

アニメーションの種類　　　　アニメーションの追加

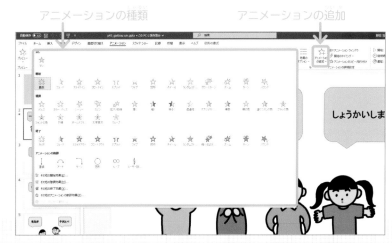

5

音声を入れる

CM に音声を入れたいときは、まず、パソコンやタブレットでマイクを使える状態にしておきます。それから、「挿入」→「オーディオ」→「オーディオの録音」の順にクリックすると、録音が始まります。「停止」をクリックすると録音が終わります。「再生」をクリックすると、録音した内容を確認できます。

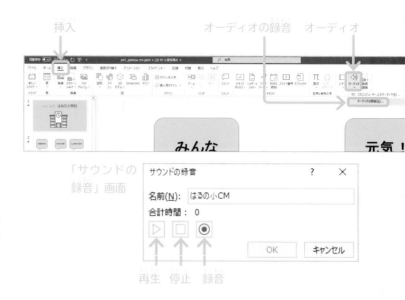

挿入　オーディオの録音　オーディオ

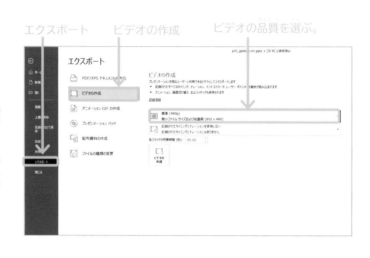

「サウンドの録音」画面

再生　停止　録音

6

ビデオとして保存する

CM をビデオとして保存するときは、「ファイル」→「エクスポート」→「ビデオの作成」の順にクリックして、ビデオの品質を選びます。

ビデオの品質は「標準」→「HD」→「フルHD」→「ultra HD」の順によくなります。品質の高いビデオのデータは重くなるので、インターネットなどを通じて CM を見せたいときは、「標準」を選ぶとよいでしょう。

エクスポート　ビデオの作成　ビデオの品質を選ぶ。

でき
あがり！

CMができたら、学校の
ホームページなどで公開して、
みんなに見てもらおう！

みんなの　はるの小学校

ダウンロードして使ってみよう

ポプラ社のこの本の紹介ページから、下のひながたのPDFデータをダウンロードできます。パソコンやタブレットでアクセスしてみましょう。

手書きでもデジタルでも　まとめ・発表カンペキBOOK　🔍　で検索するか、次のURLでページにアクセスしてみましょう。ダウンロードボタンはページ下部にあります。

www.poplar.co.jp/book/search/result/archive/7236.00.html

⬇8ページ（ステップ3）で使用する構成表

構成表

| 年　組 | |

	担当	時間	伝えること	見せる資料
提案の きっかけ		分		
提案の 内容		分		
現在の 課題		分		
例①と 理由		分		
例②と 理由		分		
まとめ		分		

さくいん

監修 鎌田 和宏（かまた　かずひろ）

帝京大学教育学部初等教育学科教授。東京学芸大学附属世田谷小学校、筑波大学附属小学校の教諭を経て現職。専門分野は教育方法、社会科教育（生活科、総合的な学習の時間）、情報リテラシー教育。小学校社会科教科書の企画・執筆に関わる。著書に『小学校 新教科書 ここが変わった！社会 「主体的・対話的で深い学び」をめざす 新教科書の使い方』（日本標準）、『教室・学校図書館で育てる小学生の情報リテラシー』、『入門　情報リテラシーを育てる授業づくり：教室・学校図書館・ネット空間を結んで』(少年写真新聞社) ほか。

装丁・本文デザイン：	倉科明敏（T. デザイン室）
表紙・本文イラスト：	めんたまんた
説明イラスト・図版：	はやみ かな、玉井杏、野田浩樹（303BOOKS）
編集制作 ：	常松心平、飯沼基子、伊田果奈、安部優薫（303BOOKS）
校正 ：	鷗来堂
協力 ：	松本博幸（千葉県印西市立原山小学校校長）

写真・作品提供 ： 　NPO 法人ロジニケーション・ジャパン　　戸田市教育委員会事務局
　　　　　　　　　愛媛県東温市立北吉井小学校　　　　　　福井県敦賀市立敦賀南小学校
　　　　　　　　　株式会社ウィーケン　　　　　　　　　　円山アカデミー
　　　　　　　　　埼玉県戸田市立芦原小学校　　　　　　　PIXTA
　　　　　　　　　創研学院アカデミア
　　　　　　　　　東京都品川区立日野学園
　　　　　　　　　東京都練馬区立大泉第六小学校

本書では 2023 年 1 月時点での情報に基づき、Microsoft PowerPoint についての解説を行っています。画面および操作手順の説明には、以下の環境を利用しています。・Microsoft Windows 10 Home Version 21H2
本書の発行後、Microsoft Windows 等がアップデートされた際、一部の機能や画面、手順が変更になる可能性があります。また、インターネット上のサービス画面や機能が予告なく変更される場合があります。あらかじめご了承ください。本書に掲載されている画面や手順は一例であり、すべての環境で同様に動作することを保証するものではありません。読者がお使いのパソコン環境、周辺機器などによって、紙面とは異なる画面、異なる手順となる場合があります。読者固有の環境についてのお問い合わせ、本書の発行後に変更されたアプリケーション、インターネットのサービス等についてのお問い合わせにはお答えできません。

手書きでもデジタルでも　まとめ・発表カンペキBOOK❺

プレゼンテーションで伝えよう

発　　　行　　2023年4月　第1刷

監　　修　　鎌田和宏
発　行　者　　千葉 均
編　　集　　片岡陽子、浦野由美子
発　行　所　　株式会社ポプラ社
　　　　　　　〒102-8519　東京都千代田区麹町4-2-6
　　　　　　　ホームページ　www.poplar.co.jp（ポプラ社）
　　　　　　　　　　　　　　kodomottolab.poplar.co.jp
　　　　　　　　　　　　　　（こどもっとラボ）
印刷・製本　　大日本印刷株式会社

落丁・乱丁本はお取り替えいたします。電話（0120-666-553）または、ホームページ（www.poplar.co.jp）のお問い合わせ一覧よりご連絡ください。
※電話の受付時間は、月～金曜日 10 時～17 時です（祝日・休日は除く）。

©POPLAR Publishing Co.,Ltd. 2023　Printed in Japan
ISBN978-4-591-17630-6 / N.D.C. 375 / 47P / 29cm
P7236005

本書のコピー、スキャン、デジタル化等の無断複製は著作権法上での例外を除き禁じられています。本書を代行業者等の第三者に依頼してスキャンやデジタル化することは、たとえ個人や家庭内での利用であっても著作権法上認められておりません。

あそびをもっと、
まなびをもっと。

こどもっとラボ

手書きでも  デジタルでも

まとめ・発表 カンペキBOOK

全**5**巻

監修 鎌田和宏
帝京大学教育学部
初等教育学科教授

▶小学校中学年～高学年向き

▶各47ページ A4変型判

▶N.D.C.375

▶オールカラー

▶図書館用特別堅牢製本図書

ポプラ社はチャイルドラインを応援しています

18さいまでの子どもがかけるでんわ
チャイルドライン®
0120-99-7777
毎日午後4時～午後9時 ※12/29～1/3はお休み

電話代はかかりません
携帯（スマホ）OK

18さいまでの子どもがかける子ども専用電話です。
困っているとき、悩んでいるとき、うれしいとき、
なんとなく誰かと話したいとき、かけてみてください。
お説教はしません。ちょっと言いにくいことでも
名前は言わなくてもいいので、安心して話してください。
あなたの気持ちを大切に、どんなことでもいっしょに考えます。

チャット相談は
こちらから